Dieses Maxi Pixi gehört:

____

In dieser Maxi-Pixi-Serie »Moritz Moppelpo« sind außerdem erschienen:

- Moritz Moppelpo sagt Nein
- Moritz Moppelpo braucht keine Windel mehr
- Moritz Moppelpo schläft alleine ein

Maxi Pixi Nr. 294

Herstellung: Derya Yildirim
Redaktion: Nele Banser
ISBN 978-3-551-03207-2

www.pixi.de

Moritz Moppelpo

putzt seine Zähne

Hermien Stellmacher

CARLSEN

Moritz will gleich nach dem Frühstück
auf den Spielplatz.
Da geht das Fenster auf.
»Hast du deine Zähne schon geputzt?«,
fragt Mama.
Moritz schüttelt den Kopf.
»Das mach ich später!«
»Oh nein«, sagt Mama.
»Erst Zähne putzen, dann spielen.«

Plötzlich kommt Lene angerannt.
»Schau mal!«, ruft sie.
»Ich habe eine neue, rote Zahnbürste!«
»Ich habe eine gelbe«, brummt Moritz.
»Aber Zähne putzen finde ich doof.«
»Wenn du deine Zähne nicht putzt«, weiß Lene,
»kommen die Zahnteufelchen.
Und dann kriegst du Zahnschmerzen.«
»Oh nein!«, ruft Moritz.
»Dann komm mal mit«, sagt Lene.

Lene verteilt Zahnpasta auf beide Zahnbürsten.
»Ich zeig dir, wie man richtig putzt!«, sagt Lene.
»Auf den Kauflächen sanft kreisen.
Dann zuerst an den Außen- und danach
an den Innenseiten der Zähne putzen.
Von unten nach oben putzen – von Rot nach Weiß.
Zahnteufelchen lieben Süßigkeiten.
Iss besser Obst und Möhren.«

»Genug geputzt«, sagt Moritz.
Mama schaut auf die Sanduhr: »Ein bisschen putzen müsst ihr noch. Ich kenne einen lustigen Reim. Damit vergeht die Zeit schneller:

Gesunde Zähne sind sehr wichtig,
darum putze ich sie richtig.
Auf und ab, hin und her
und schön kreisen, bitte sehr!
Nach jedem Essen, jeden Tag,
auch wenn ich mal nicht so mag.«

Moritz spuckt den Rest der Zahnpasta aus
und macht seine Zahnbürste sauber.
Mit den Borsten nach oben stellt er sie in den Becher,
damit sie schön trocknen kann.

Plötzlich klingelt es.
Moritz und Lene rennen zur Tür und machen auf.
»Kommt ihr spielen?«, fragt Emil.
»Oh ja!«, ruft Moritz. »Und ich weiß auch schon, was.«

Schnell saust Moritz in den Schuppen und holt einen Besen. »Ihr seid die Zahnteufelchen!«, sagt er. »Und wenn ich euch mit meiner Riesenzahnbürste berühre, hab ich gewonnen!« »Fang uns doch, fang uns doch …!«, ruft Juri begeistert. Schnell rennen alle Freunde davon.

Und Moritz? Moritz weiß jetzt genau, wie man Zähne putzt, und erwischt alle Zahnteufelchen. Eines nach dem anderen!

Entdeckst du diese
Bildausschnitte im Buch?

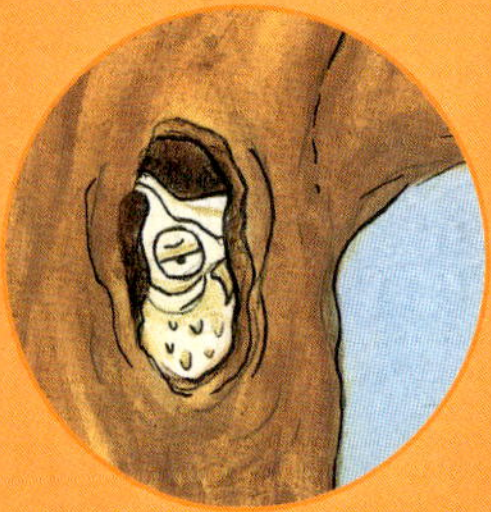

In dieses Bild haben sich
fünf Fehler eingeschlichen.
Findest du sie?

Male Moritz und Lene bunt an.

Lösung Fehlerbild

ISBN 978-3-551-16850-4